Schellings

Offenbarungsphilosophie

und

die von ihm bekämpfte Religionsphilosophie
Hegels und der **Junghegelianer.**

Drei Briefe.

Springer-Verlag Berlin Heidelberg GmbH

1843.

ISBN 978-3-662-33462-1   ISBN 978-3-662-33860-5 (eBook)
DOI 10.1007/978-3-662-33860-5

Vorwort.

Zu allen Zeiten haben die Umtriebe des Priester=
thums sich versteckt hinter dem Worte Religion, zu
allen Zeiten und auch gegenwärtig wieder mußte es
dazu dienen, der Herrschsucht der Priester die Wege
zu bahnen. Man ist nun aber schon so weit gedie=
hen, daß man bereits Religion und Kirche, die Stätte
des Priesterthums, gänzlich mit einander verwechselt,
und nur noch von Beförderung des Kirchenglaubens,
der Kirchenzucht und der Kirchenordnung spricht. Man
ist der Priesterherrschaft damit bereits näher gerückt,
welche sich nur in dieser Äußerlichkeit bewegt, und
darin ihren Boden hat. Bei dieser Verwechselung der
Religion mit dem Priesterthum kann es nicht auffal=
len, wenn die Gegner des Letzteren den Unterschied
beider ebenfalls nicht beachten, und ihre Angriffe ge=
gen beide richten, indem sie die Priesterherrschaft nur
zugleich mit der Religion vertilgen zu können vermei=
nen. Man trenne die Interessen der Religion und
des Priesterthums, und alle Waffen werden nur ge=
gen dieses sich kehren. Die Religion hat übrigens
von solchen Kämpfen nichts zu fürchten, da sie von

1 *

jeher aus den Niederlagen des Priesterthums nur reiner und befreiter vom Aberglauben hervorgegangen ist. Als ein Zeichen, daß ein neues religiöses Leben sich zu gestalten sucht, können die mancherlei Absonderungen der Pietisten, Altlutheraner und Wiedertäufer betrachtet werden. Freilich werden auch diese Regungen theils von herrschsüchtigen Priestern, theils von solchen Personen gemißbraucht, welche durch dergleichen religiöse Vereine sich äußeren Einfluß zu verschaffen suchen. Auch ist nicht zu verkennen, daß solche Absonderungen theils aus falschen Ansichten vom Verhältniß der Kirche zum Staat, theils aus geistigem Hochmuthe herrühren, indem die sich Absondernden sich für die Auserwählten halten. So viel aber ist gewiß, daß unser bisheriges Kirchenwesen einer Umgestaltung entgegengeht, und daß jeder Versuch, dasselbe durch äußere Mittel aufrecht zu erhalten, nur dazu dienen kann, dessen Untergang zu beschleunigen. Die Religion bedarf keiner äußeren Beförderung, sie will nur nicht gehemmt sein. Ihre Grundlage ist die geistige Freiheit; gebt ihr diese zurück, und das religiöse Leben wird sich neu und kräftig entfalten. Doch dazu gehört der Muth, der Wahrheit die Thore zu öffnen, trotz der Gewißheit, daß vor ihr manches Bestehende nicht zu bestehen vermag. Wer aber die Wahrheit fürchtet, der ist ein Knecht der Lüge.

Berlin am 18. October 1842.

Der Verfasser.

Erster Brief.

Schelling, und wieder Schelling! wirst Du sagen, und doch glaube ich noch einmal auf denselben zurückkommen zu müssen. Er ist eine zu anregende Erscheinung, als daß man ihn nicht von allen Seiten beleuchten sollte. Seine Vorlesungen haben einen ähnlichen Eindruck auf mich gemacht, wie die Darstellung der Antigone. Wir glauben hier nämlich nicht sowohl ein Kunstwerk, als ein Zauberbild zu erblicken, welches uns das Griechenthum in seiner herrlichsten Gestalt vor Augen bringt. So auch mit Schelling. Es ist uns durch sein Auftreten eine vergangene bedeutende Epoche der Philosophie vorgeführt, und wir staunen in ihm ein Stück Geschichte der Philosophie mit Fleisch und Blut an. Dies hat etwas Gespensterhaftes, und wir fühlen uns durch seine Erscheinung fast eben so betroffen, als wenn Kant oder Fichte aus ihren Gräbern hervorstiegen und den Lehrstuhl wieder einnähmen. Wir haben schon früher Lehrer gesehen, die sich in eine vergangene Zeit mit ihrer Lehre versetzten; so Juristen, welche sich gebehrdeten, als wären sie römische Prätoren; Mediziner, die nichts als eine Wiedergeburt des Hippokrates sein wollten; Theologen, die sich

in der Weise der Propheten vernehmen ließen; aber Nach=
ahmung bleibt Nachahmung, wir fühlten immer, daß wir
nur getäuscht wurden. Ein ganz Anderes ist es, wenn
eine vergangene Zeit in ihrem Vertreter plötzlich lebendig
vor uns hintritt.

Kant hatte der Philosophie durch seine Kritik alles Objek=
tive entzogen und sie zur bloß negativen Wissenschaft herab=
gesetzt, indem ihm alles Erkennen nur formelles und endli=
ches blieb, ohne Fähigkeit die Sache selbst, das Ding an
sich, zu erfassen. Fichte führte derselben zwar das Ob=
jektive in dem Ich wieder zu, alles Übrige aber blieb ihm
als Nicht=Ich ein Frembes und Nichtiges, das seine Wahr=
heit und Wirklichkeit nur in dem denkenden Ich hatte.
Durch ihn wurde die Philosophie zwar von der bloßen Nega=
tivität befreit, aber doch nur als subjektive Wissenschaft wie=
derhergestellt, sie wurde subjektiver Idealismus. Erst Schel=
ling erkannte, daß das Nicht=Ich, d. i. die gegenständliche
Welt, vernünftige Wirklichkeit sei. Dies suchte er zunächst
an der Natur nachzuweisen, und begründete damit die
Naturphilosophie. Durch ihn schlug mithin die subjektive
Philosophie zur objektiven um, und es wurde dem mensch=
lichen Geiste ein neues, unabsehbares Feld der Erkenntniß
eröffnet. Doch eben so wie die subjektive, hat auch die
objektive Philosophie ihre Schranke, über welche hinaus
gegangen werden muß. Die subjektive Philosophie in ih=
rer einseitigen Ausbildung nämlich wird Rationalismus
oder negative Philosophie, die objektive, in gleichem Fall,
Scholasticismus oder positive Philosophie; denn in jener
ist es das leere Ich, welches die Fülle der Erscheinungen
zu seiner eigenen Leerheit verflacht, in dieser hingegen das

durch die Macht der Erscheinung gebannte Ich, von welchem
das Denken ausgeht, so daß die Kritik in ihm unterdrückt
und das Objekt zur firen Idee wird. Durch jene beiden
Stufen der Philosophie hindurchgehend, schritt Hegel im
Verein mit Schelling über dieselben zur höheren Einheit
beider hinaus, in welcher sowohl der Subjektivität als der
Objektivität ihr Recht wurde. Das Vernünftige wurde
nämlich als dasjenige erkannt, worin Subjekt und Ob=
jekt übereinkommen, so daß solches nun nicht bloß Subjek=
tives, noch bloß Objektives, sondern das Absolute ist.
Schelling aber kam nie zur methodischen Darstellung dieser
Einheit und zur systematischen Ausführung dieses Grundge=
dankens nach allen Seiten hin, sondern er verblieb bei der
intellektuellen Anschauung desselben, und begnügte sich, sol=
ches der Vorstellung durch geistreiche Vergleichungen näher
zu bringen. Als daher Hegel weiter vorschritt, und die Ein=
heit der subjektiven und objektiven Vernunft dadurch nach=
wies, daß er die Erhebung des Subjekts bis zum absoluten
Geiste im logischen Fortgang darlegte, und damit die Phi=
losophie zur inneren Vollendung brachte, und als er sie
demnächst auch äußerlich zu ihrem höchsten Ziel führte,
indem er ihr das Gebiet der geistigen Welt eröffnete, und
nach und nach den ganzen Kreis des Wissens mit dem
Gedanken durchdrang und dessen systematische Darstellung
vollbrachte, da zog Schelling sich zurück, und gab sich
wiederum der objektiven Philosophie hin, die ihm bald
zur positiven wurde, indem er an der Macht des Den=
kens überhaupt aus dem Grunde verzweifelte, weil die
bei ihm vorherrschende Phantasie ihn nicht zur Beherr=
schung des Stoffes durch das Denken gelangen ließ. So

hat denn Hegel durch die Kraft und Ausdauer seines Den=
kens allein das Ziel erreicht, welches er in Gemeinschaft
mit Schelling entdeckte, und ist dadurch der Begründer
der absoluten Philosophie geworden, welche somit die Lo=
gik, die Naturphilosophie und die Philosophie des Geistes
in sich befaßt. Diese Philosophie aber ist als die absolute
nicht zugleich die abgeschlossene. Sie ist nicht an das
Bewußtsein einer bestimmten Zeit gebunden, sondern stellt
sich die Aufgabe, den Inhalt jeglicher Zeit im Gedanken
zu erfassen, und auf diese Weise mit der Zeit fortzuschrei=
ten und stets durchzudringen zur Idee, d. i. zu dem Geist,
wie er für den Denkenden ist. Die Idee ist ihr demnach
zwar keine erst werdende, sondern eine an sich vollendet
vorhandene, welche aber für uns wird, weil sie allmäh=
lig sich uns offenbart. Die Idee ist deshalb zwar in
jeder Zeit da, aber jedesmal in einer neuen zeitgemäßen
und volksthümlichen Gestalt. Die Philosophie hat nun
die Aufgabe, die Eigenthümlichkeit dieser Formen festzu=
halten, und ist insofern positive Philosophie; sie hat aber
auch das Endliche derselben zu erkennen, und ist insofern
negative Philosophie. Indem sie aber in dieser endlichen,
eigenthümlichen Form einer jeden Zeit den ewigen Gehalt
der Idee wiederfindet, ist sie spekulative Philosophie. Weil
nun Hegel in seinen philosophischen Ausführungen nicht
auf bloß idealistische Weise verfahren ist, sondern an dem
Positiven selbst die Idee entwickelt, zugleich aber die Kri=
tik desselben nicht vernachlässigt hat, dabei aber, wie nicht
geleugnet werden kann, öfter auch in die Einseitigkeit der po=
sitiven und der negativen Philosophie verfallen ist, so hat
man ihn eben so sehr des Rationalismus als des Scho=

lasticismus geziehen, und hat versucht, seine Philosophie
besonders auf dem Felde der Theologie einerseits in bloße
Kritik umzusetzen, andererseits in dumpfe Orthodorie zu
verwandeln.

Schelling sieht, von seinem Standpunkte der positi=
ven Philosophie aus, in Hegel gegenwärtig nur den ne=
gativen Philosophen, der aber von der Fülle der Er=
scheinungen bewältigt, sich dieser nicht zu erwehren ver=
mag, und aus der Rolle des negativen Philosophen häufig
in die des positiven verfällt.

Ist aber Schelling auch auf seinem später eingenom=
menen Standpunkte verblieben, so ist er doch dessen=
ungeachtet nicht stehen geblieben, sondern er hat von
diesem aus in dem Reiche der Erkenntniß neue Eroberun=
gen gemacht. Er hat sich von der Natur zum Geiste ge=
wandt, und sich mit den verschiedenen Gestalten der Re=
ligion in der Mythologie, in den Mysterien und im Chri=
stenthum beschäftigt. Aus diesen Studien sind seine Vor=
lesungen über Philosophie der Mythologie und der Offen=
barung hervorgegangen.

Schelling nimmt, dem positiven Standpunkte gemäß
und abweichend von den Ansichten der Rationalisten, die
Religionsgeschichte für keine bloße Geschichte der Entwick=
lung des menschlichen Bewußtseins, sondern sie ist ihm die
Geschichte Gottes selbst, oder richtiger, dessen Lebenspro=
zeß; die Mythologie ist ihm deshalb Theogonie. Nach
ihm offenbart Gott sich nicht blos allmählig, sondern er
entsteht allmählig, und wird so aus dem blinden ge=
dankenlosen Sein zum dreieinigen Gott. Dieser hat ein
dreifaches Lebensstadium durchzumachen, indem die Drei=

heit der Urpotenzen zur Dreiheit der demiurgischen Po=
tenzen, und diese zur Dreiheit der göttlichen Personen wird.
Schellings Gott ist daher auf drei verschiedene Weisen
dreieinig, mithin der dreifach dreieinige Gott. Diese Ent=
faltung Gottes ist der Inhalt der vorgedachten beiden
Vorlesungen. Der Vorwurf, den man früher der Hegel=
schen Philosophie gemacht hat, daß ihr Gott kein von
Ewigkeit fertiger sei, trifft also erst mit vollem Recht die
Schellingsche Philosophie. In Beziehung auf jene dagegen
beruhte er nur auf einem Mißverständnisse, indem nach
Hegel Gott sich an sich nicht entwickelt, sondern nur all=
mählig sich uns offenbart. Diese Offenbarung geht nun
nach Hegel allerdings im menschlichen Bewußtsein vor,
aber sie ist, wenn auch nicht ohne gleichzeitige Entwick=
lung des menschlichen Bewußtseins, so doch nicht bloße
Selbstentwicklung desselben zu Gott, oder, was dasselbe
ist, Vergötterung des Selbstbewußtseins, was man Hegel
ebenfalls vorgeworfen, und ihn deshalb sogar des Atheis=
mus geziehen hat.

Schellings Gott entwickelt sich zwar zum Geist, aber
er ist dennoch vornehmlich lebendiger Gott, denn von
seiner Wirksamkeit als Geist erfahren wir nichts. Auch
auf dem Gebiete des Geistes ist Schelling Naturphilosoph
geblieben. Deshalb erstarrt ihm auch die Geschichte zu
einer zweiten Natur, sie ist ihm kein sich fortdauernd Ent=
wickelndes, sondern ein in einer bestimmten Zeit Vollendetes.
Dies geht wenigstens daraus hervor, daß er in der Reli=
gionsgeschichte über die Anschauung der Theologie der er=
sten christlichen Jahrhunderte nicht hinausgeht. Diese ob=
jektive Gestalt einer bestimmten Zeit wird ihm zur abso=

luten, weil er hier die Kritik aufgiebt und so des Mittels entbehrt, sich über diesen Standpunkt zu dem des heutigen Bewußtseins zu erheben. Er firirt in sich das Bewußt= sein einer vergangenen Zeit und dieses wird ihm zur firen Idee, welche sich mit dem phantastischen Schmuck gno= stisch=kabbalistischer Weisheit und gesuchter Gelehrsamkeit umhüllt, und als neue Philosophie selbstgefällig einher= schreitet.

Schellings Offenbarungsphilosophie ist der letzte ohn= mächtige Versuch, die starre Orthodoxie mit der Philoso= phie in Einklang zu bringen. Sobald man hierüber zur Einsicht kommt, wird die Theologie von Neuem ihre Waffe gegen alle Philosophie überhaupt richten, und es wird der entscheidende Kampf zwischen dem priesterlichen Buch= stabenglauben und der Wissenschaft ausgefochten werden. Die Priestertheologie fühlt sich bereits so schwach, daß sie schon bei der Philosophie Hülfe sucht; nur zu bald wird sie es bereuen, den Feind in ihr Lager gerufen zu haben. Ihr Untergang wird dadurch nicht aufgehalten, sondern um so schneller herbeigeführt werden.

Zweiter Brief.

Ich muß Dir Recht geben! Schelling hat die schwache Seite der Hegelschen Philosophie getroffen, indem er die Philosophie der Offenbarung behandelt hat. Hegel hat in der Religionsphilosophie nämlich dem Subjektivismus scheinbar dadurch gehuldigt, daß er die Religionsgeschichte einseitig dargestellt hat als eine Entwicklung des menschlichen Bewußtseins. „Der Geist," sagt er daselbst Th. 1. S. 61 „ist zunächst im Verhältniß zur Natur als zu einem Äußerlichen, und damit ist er endliches Bewußtsein, er weiß von Endlichem und steht der Natur gegenüber als einem Anderen; der Geist ist zunächst als endlicher, das Endliche hat aber keine Wahrheit, es geht vorüber; der endliche Geist geht in seinen Grund zurück, da er als solcher im Widerspruch mit sich selbst begriffen ist: er ist frei; im Äußerlichen zu sein ist seiner Natur widersprechend, er ist selbst dies, sich vom Nichtigen zu befreien und sich zu sich selbst zu erheben, zu sich in seiner Wahrhaftigkeit und diese Erhebung ist das Hervorgehen der Religion. Dieser Gang, der in seiner Nothwendigkeit aufgezeigt wird, hat zum letzten Resultat: die Religion, als die Freiheit des Geistes in seinem wahrhaften Wesen;

das wahrhafte Bewußtsein ist nur das vom Geiste in sei=
ner Freiheit." Zwar fügt Hegel S. 63 hinzu: „Aber
das Bewußtsein von Gott fassen wir auf so, daß er zu=
gleich ist, nicht blos der meinige, im Subjekt, in mir,
sondern unabhängig von mir, meinem Vorstellen und Wis=
sen, er ist an und für sich." Er erklärt sich jedoch deut=
licher S. 128, woselbst er sagt: „Wenn wir bisher den
Ausdruck Bewußtsein gebraucht haben, so drückt dies nur
die Seite der Erscheinung des Geistes aus, das wesent=
liche Verhältniß des Wissens und seines Gegenstandes.
Ich bin so als Verhältniß bestimmt; der Geist ist aber
wesentlich dies, nicht blos im Verhältniß zu sein; in das
Bewußtsein fällt das Endliche: das Objekt bleibt darin
selbstständig stehen." — — „Erst diese Identität, daß
das Wissen in seinem Objekt sich für sich setzt, ist der
Geist, die Vernunft, die als gegenständlich für sich selbst
ist." „Dies ist nicht blos," fährt Hegel S. 129 fort,
„ein Verhalten des Geistes zum absoluten Geist, sondern
der absolute Geist selbst ist das Sichbeziehende auf das,
was wir als Unterschied auf die andere Seite gesetzt ha=
ben, und höher ist so die Religion, die Idee des Geistes,
der sich zu sich selbst verhält, das Selbstbewußt=
sein des absoluten Geistes." Die geoffenbarte
Religion ist ihm deshalb die offenbare, d. i. diejenige,
welche die Erkenntniß voraussetzt. „Die absolute Reli=
gion," sagt er Th. II. S. 152, „ist die offenbare Re=
ligion. Die Religion ist das Offenbare, ist manifestirt
erst dann, wenn der Begriff der Religion für sich selbst
ist." Er hat die vorchristlichen Religionen zwar mit der
christlichen in Zusammenhang gebracht, indem er sie dar=

gestellt hat als Vorstufen des religiösen Bewußtseins, wel=
ches im Christenthum seine Vollendung erreicht hat, er ist
damit aber ganz in der Subjektivität des Volksbewußt=
seins stecken geblieben. So ist denn in der That seine Re=
ligionsphilosophie nur Anthropologie, oder richtiger Ethno=
logie, d. i. Darstellung der einzelnen Stufen des Selbst=
bewußtseins der verschiedenen Völker. Die Religion aber
ist nicht das Selbstbewußtsein des Menschen, sondern das
lebendige Verhältniß des menschlichen Geistes zu dem Ur=
geist, oder die Erhebung des endlichen Geistes zum un=
endlichen Geist, welche gleichzeitig besteht in der Herab=
lassung des unendlichen Geistes zum endlichen Geiste. Dies
hat schon Hinrichs in seiner Religionsphilosophie durchge=
führt, er hat aber hervorzuheben unterlassen, daß die Reli=
gion weder wesentlich im Gefühl, noch im Wissen, son=
dern in der That beruht, vermittelst deren der Mensch
sich über sich selbst erhebt. Diese That ist freilich eine
nur geistige, und deshalb oft mit dem Fühlen und Denken
verwechselt worden, welche dieselbe nur veranlassen und
begleiten. Sie bringt zwischen dem endlichen und unend=
lichen Geiste ein Verhältniß hervor, in welchem der eine
in dem andern ist, das Verhältniß der Liebe. Das Fest=
halten dieses Verhältnisses und dessen Erneuerung ist das,
was wir Gebet nennen, die äußere Erscheinung desselben
sind Thaten der Liebe. Die Theologie ist die Erkenntniß
dieses Verhältnisses, und ist insofern Wissenschaft und zwar,
im Gegensatz zu den bloßen Erfahrungswissenschaften, Phi=
losophie. Der Inhalt der Theologie wird auch dem ge=
wöhnlichen Bewußtsein in der Weise der Vorstellung als
Religionslehre, Dogma, näher gebracht; nur diese Reli=

gionslehre, und nicht die Religion selbst findet ihre Auf=
lösung in der Philosophie, welche die Form der Vorstellung
abstreift, in der die Religionslehre zunächst gegeben ist,
und dieselbe zur Wissenschaft erhebt vermittelst einer wif=
senschaftlichen Darstellung.

Die Religionsphilosophie nun, welche sich mit der Re=
ligionslehre und nicht mit der Religion selbst beschäftigt, hat
es nur mit den Vorstellungen von Gott, also nur mit dem
menschlichen Bewußtsein von Gott, nicht aber mit Gott
selbst in seiner objektiven Wirklichkeit zu thun. Deshalb
fällt auf sie der Schein, als ob sie diese in jener aufge=
hen lasse. Die wahre Religionsphilosophie aber hält die
Objektivität Gottes dem Menschen gegenüber fest. Durch
dieses Bewahren der Objektivität Gottes wird dieser auch
keinesweges, wie man behauptet hat, zu einem Endlichen
einem anderen Endlichen gegenüber. Denn der Mensch
steht nur Gott gegenüber vom menschlichen Gesichtspunkte
aus, während vom göttlichen Gesichtspunkte aus, solche
Trennung nicht stattfindet, vielmehr Gott Alles in Allem ist.
Das Verhältniß Gottes zum Menschen ist daher ein Ver=
hältniß Gottes, als des unendlichen, zu sich selber, als
dem endlichen. Die religiöse Entwicklung der Völker ist
die Entwicklung eines immer inniger werdenden Verhält=
nisses des Menschen zu Gott, welches ursprünglich auf
einer mangelhaften, nicht aber auf einer falschen Vorstel=
lung von Gott beruht, die allmählig nicht sowohl reiner,
als vollständiger und tiefer wird. Die Geschichte dieser Ent=
wicklung ist nicht eine bloße Geschichte des menschlichen Selbst=
bewußtseins, sondern die Geschichte des zeitlichen Verhältnif=
ses des Menschen zu Gott. Sie ist mithin auch nicht bloße

Geschichte der Offenbarung, wie Schelling dies, vom Ob-
jektivismus befangen, darstellt, sondern zugleich Geschichte
der menschlichen Entwicklung. Schellings Offenbarungsphilosophie ist dies nur insofern, als sie die Geschichte
eines Gottes liefert, der vom Menschen in den verschiedenen Zeiten nur als solcher erkannt werden kann, als
welcher er sich bereits entwickelt hat. Gott aber ist von Anfang an derselbige, weil er ohne Anfang ist; Gott ist der
Ewige, der da war, ist und sein wird. Nur für den
Menschen giebt es ein Werden Gottes, d. i. ein Offen-
barwerden. Mit der Offenbarung schreitet die menschliche
Erkenntniß über das Wesen Gottes und das Verhältniß
des Menschen zu demselben fort. Da die Beschäftigung
mit göttlichen Dingen aber bei den Alten nicht Sache des
ganzen Volkes war, sondern nur einzelner Stände, na-
mentlich der Priester, so blieb die tiefere, der Form der
Vorstellung und dem sich daran knüpfenden Aberglauben
enthobene Wissenschaft von der Gottheit ein Geheimniß
derselben. Eine Vermittlung zwischen der Erkenntniß des
Volkes und der Priester wurde zwar befördert durch die
Einweihung geprüfter Männer aus dem Volke in die Ge-
heimlehren (Mysterien), im Wege bildlicher Anschauun-
gen, es blieb aber immer der Unterschied zwischen dem
Volksglauben und dem Glauben der Eingeweihten stehen.
Dieser Unterschied wurde zunächst grundsätzlich aufgeho-
ben durch das Judenthum, welches dem ganzen Volke
die priesterliche Bestimmung gab. Aber auch noch innerhalb dieses allgemeinen Priesterthums fanden höhere Grade
statt, so daß die gesalbten und damit geweihten Priester
die Wissenden und Vertreter des Volkes, die Vermittler

zwischen dem Volke und Gott blieben, und der Hohenprie=
ster die Idee des Priesterthums am vollkommensten dar=
stellte. Der unbedingte Unterschied zwischen Priesterthum
und Volk, welcher im Heidenthum stattfand, wurde im
Judenthum in einen verhältnißmäßigen umgewandelt. Aber
auch diese Art des Unterschiedes hörte auf im Christen=
thum, welches alle Menschen gleicher Erkenntniß fähig er=
achtete, und die tiefsten Religionslehren unverhüllt dem
ganzen Volke mittheilte. „Ihr aber", sagt deshalb der
Apostel Petrus, „seid das auserwählte Geschlecht, das
königliche Priesterthum, das heilige Volk, das Volk des
Eigenthums, daß ihr verkündigen sollt die Tugenden deß,
der euch berufen hat von der Finsterniß zu seinem wun=
derbaren Licht." Und der Apostel Johannes sagt: „Und
ihr habt die Salbung von dem, der heilig ist, und wisset
Alles. Und die Salbung, die ihr von ihm empfangen
habt, bleibet bei euch, und bedürfet nicht, daß euch Je=
n and lehre." Darum ist das Christenthum erst die wahr=
haft geoffenbarte Religion. Doch auch hier hat die
Geistlichkeit sich wieder eingefunden, und sich als Vermitt=
lerin zwischen Gott und den Laien eine höhere, der jüdi=
schen Priesterschaft nachgebildete Stellung zu geben ge=
wußt, indem sie die Weihe zum Lehramt für eine gött=
liche Weihe und für eine unmittelbare Mittheilung des
göttlichen Geistes ausgegeben hat. — Diese subjektive Seite
der Religionsentwicklung hat Schelling ganz unbeachtet
gelassen. Hat er demnach auch den wunden Fleck der
Hegelschen Religionsphilosophie getroffen, so hat er ihn
doch mit seiner Offenbarungsphilosophie noch nicht geheilt,
sondern er hat nur einer Einseitigkeit eine andere gegenüber=

geſtellt. Damit hat er aber allerdings den großen Schritt gethan, daß er eine Krankheit, die chroniſch zu werden drohte, ihrer Heilung entgegengeführt hat, durch Anregung des Organismus zu neuer Lebensthätigkeit.

Hegel hat in der Religionsphiloſophie ſich ſelbſt, d. i. dem Geiſte ſeiner Philoſophie nicht Genüge geleiſtet, und damit die neueren Abſchweifungen in den Subjektivismus veranlaßt, welcher, nach der eignen Behauptung der Urheber deſſelben nicht zum Pantheismus des Spinoza, ſondern zum Materialismus oder richtiger zum Pankosmismus führt, indem die ganze Wirklichkeit ihnen nicht Gott, ſondern Welt iſt, und die Gottheit nur eine Vorſtellung des nicht zum klaren Selbſtbewußtſein gelangten Geiſtes.

Es iſt die Aufgabe der Philoſophie das, was wirklich iſt, als vernünftig zu beweiſen, d. h. den logiſchen Zuſammenhang deſſelben darzulegen. Dies hat Hegel in der Religionsphiloſophie in Abſicht der verſchiedenen Religionen nach der ſubjektiven Seite hin zwar gethan, aber auch hier ſolches nicht vollſtändig und genügend durchgeführt, indem er die Entwicklung des religiöſen Bewußtſeins ſowohl innerhalb des Judenthums bis zur Erſcheinung des Chriſtenthums, als auch von da ab bis auf unſre Zeit nicht fortgeführt hat, ſo daß einerſeits das Judenthum und das Chriſtenthum, andrerſeits unſer heutiges religiöſes Bewußtſein und das des Urchriſtenthums zuſammenhangslos ſtehen geblieben ſind. Einen ähnlichen Vorwurf kann man der Offenbarungsphiloſophie Schellings machen. Dieſer hat zwar hier das große Verdienſt, den Zuſammenhang der Offenbarung im Chriſtenthum mit der in der vorchriſtlichen Zeit behauptet und den erſten Verſuch gemacht zu haben, solchen darzulegen; aber er ist bei der urchristlichen Offenbarung stehen geblieben, und hat die= selbe hier abgeschnitten, statt die Geschichte derselben bis auf unsre Tage fortzuführen. Dies rechtfertigt sich zwar bei Schelling aus seiner gegenwärtigen Auffassung der christlichen Offenbarung, als der bloß äußeren Thatsache der Menschwerdung Christi, wodurch eine weitere Offen= barung ausgeschlossen ist. Er hat aber dennoch, wenn auch nicht gegen sein eignes Prinzip, so doch gegen den Geist wahrhafter Philosophie gesündigt, welche in der Ge= schichte keinen Stillstand kennt. Da bei Schelling die Offenbarung mit der Erscheinung Christi vollendet ist, so verwandelt sich seine Offenbarungsphilosophie demnächst in Philosophie der Kirchengeschichte. Er hat selbst das Bedürfniß einer Fortentwicklung bis auf unsre Zeit ge= fühlt, da solche ihm aber nach seiner Ansicht von der Of= fenbarung unmöglich war, so ist er plötzlich in eine Ge= schichte der Entwicklung des religiösen Bewußtseins inner= halb der christlichen Gemeinde verfallen, womit denn seine objektive Philosophie in subjektive umschlägt.

Ist es nun auch richtig, daß Hegel in seiner Religions= philosophie nur die Entwicklung des religiösen Bewußt= seins dargestellt hat, so hat Schelling doch in seiner Kri= tik der Hegelschen Philosophie darin gefehlt, daß er diese überhaupt als negative Philosophie behandelt hat, der gegenüber eine neue positive Philosophie sich zu erheben habe. Denn wenn gleich Hegel in der Naturphilosophie und in der Philosophie des Geistes noch öfter in den Fichteschen Idealismus und die mit demselben noch behaf= tete apriorische Construktion der Naturphilosophen verfallen

ist, so ist dies doch nur aus menschlicher Schwäche ge=
schehen, weil er, als Einzelner, nicht überall in den Geist
der Sache selbst einzudringen vermochte, und sich alsdann
mit Hypothesen und Reflexionen begnügte. Die Empirie
ist stets die Grundlage der Philosophie, wie Hegel dies
öfter ausgesprochen hat; wo dieser Boden aber selbst noch
schwankend ist, da ist es nicht zu verwundern, daß das
darauf aufgeführte Gebäude nicht nach allen Richtungen
hin feststeht. Die Philosophie geht mit der Empirie Hand
in Hand, beide gehen daher gemeinschaftlich ihrer Vollen=
dung entgegen. Die Ausbildung der Wissenschaft ist nicht
Sache Eines Menschen, sondern der gesammten Mensch=
heit. Das aber ist das bleibende Verdienst Hegels in der
Geschichte der Philosophie, daß er durch seinen Vorgang
den wahrhaften Weg gezeigt hat, auf welchem die Wissen=
schaft fortzuschreiten hat, um ihrer Vollendung entgegen=
zugehen. Ist in seiner Darstellung der Philosophie auch
noch nicht die an und für sich vollendete gegeben, so ist
sie doch die an sich, d. i. ihrem Prinzip nach vollendete.
Dies erkennt Schelling nicht an, und er verkennt damit
den Geist der Wahrheit und der absoluten Philosophie,
weil er zurückgefallen ist in den einseitigen Standpunkt
der objektiven Philosophie. Er läugnet nämlich gegen=
wärtig den Uebergang aus dem Denken des Gedankens
zum Denken der Wirklichkeit, weil er nicht anerkennt,
daß der Gedanke selbst schon das Wirkliche, und daß
das wahrhaft Wirkliche der objektiven Welt nur der Ge=
danke ist, der freilich mit der bloßen Einbildung und
der bloßen Gedankenform nicht verwechselt werden darf,
welcher vielmehr nichts Anderes ist, als die Sache selbst in

ihrer ewigen Form. Schelling läßt daher das Denken
in der negativen Philosophie bis an die Wirklichkeit ge=
langen, aber diese nicht begreifen, weil er eben in dem
Denken selbst noch nicht das Wirkliche sieht; er sucht das=
selbe daher in der äußeren Erscheinung, in der empirischen
Existenz, und beginnt mit dieser noch einmal von vorn
die zweite Philosophie, als positive. Da aber der Ge=
danke ihm nicht das Wirkliche ist, so dringt er auch bei
der Betrachtung des Empirischen nicht vor bis zum Ge=
danken desselben, sondern begnügt sich damit, solches durch
Reflexionsbestimmungen (Potenzen) der Vorstellung näher
zu bringen, und bleibt damit gleich weit entfernt von der
Erscheinung, wie von dem Gedanken. Schelling fühlt
das auch selbst, und behauptet deshalb, daß es die Auf=
gabe der positiven Philosophie nicht sei, ihren Gegenstand
zu begreifen, sondern nur denselben zu erklären,
daß daher seine Offenbarungsphilosophie keine Religions=
philosophie, sondern nur Erklärung des Christenthums
sei. Er hätte nur einen Schritt weiter gehen und aner=
kennen sollen, daß solche Erklärung überhaupt keine Phi=
losophie mehr sei, und aller Streit wäre abgethan.
Unter diesen Umständen findet folgende Äußerung Hegels
in seiner Abhandlung über Glauben und Wissen (Heg.
Werke Bd. I. S. 4.) gegenwärtig auch auf ihn Anwen=
dung: „Die Vernunft, welche dadurch schon an und für
sich heruntergekommen war, daß sie die Religion nur als
etwas Positives, nicht idealistisch auffaßte, hat nichts Bes=
seres thun können, als nach dem Kampfe nunmehr auf
sich zu sehen, zu ihrer Selbstkenntniß zu gelangen, und
ihr Nichtsein dadurch anzuerkennen, daß sie das Bessere,

als sie ist (da sie nur Verstand ist), als ein Jenseits in einem Glauben außer und über sich setzt, wie in den Philosophieen Kant's, Jakobi's und Fichte's geschehen ist, und daß sie sich wieder zur Magd eines Glaubens macht."

Hegel ist freilich in den entgegengesetzten, der Philosophie aber näher liegenden Fehler verfallen, durch Herausheben des Idealen der Religion das Objektive in den Hintergrund treten und verschwinden zu lassen.

Es ist übrigens nicht zu verwundern, daß dieser in Hegels Religionsphilosophie sich geltend machende Subjectivismus nicht ohne Einfluß bleiben konnte auf das Verständniß seiner Philosophie überhaupt. Hegel sagt selbst in der Einleitung zur Religionsphilosophie: „Die Philosophie explicirt nur sich, indem sie die Religion explicirt, und indem sie sich explicirt, explicirt sie die Religion", und dann: „In der Religionsphilosophie betrachten wir die an sich seiende, logische Idee nicht bloß, wie sie als Idee des reinen Gedankens bestimmt ist, auch nicht in den endlichen Bestimmungen, sondern wie sie erscheint, sich manifestirt, aber in der unendlichen Erscheinung als Geist; der Geist, der nicht erscheint, ist nicht; er reflektirt sich noch selbst in sich. Dies ist die Stellung der Religionsphilosophie zu den andern Theilen der Philosophie. Gott ist das Resultat der andern Theile, hier ist dies Ende zum Anfang gemacht, zu unserm besondern Gegenstand, als schlechthin konkrete Idee mit ihrer unendlichen Erscheinung." Ist Gott aber nur das von seiner Natürlichkeit befreite Selbstbewußtsein, und die Geschichte der Befreiung desselben die Religionsgeschichte, so ist Gott allerdings ein werdender und zunächst nur ein an sich, d. i. der Möglichkeit nach vorhandener, und seine Persönlichkeit ist alsdann das Werden des freien Selbstbewußtseins in der Gemeinde. Die logische Idee ist insofern dieses An sich Gottes und nicht der schon wirkliche Gott, und in der Philosophie des Geistes ist Gott der wirklich werdende. Nur im Außersichsein, in der Natur, ist dann Gott fertig, hat aber hier kein Bewußtsein von sich, da er der aus der Natur hervorgehende, in der Zeit zu sich kommende ist. Die Natur ist mithin, wenn man nach dieser Ansicht folgerichtig verfährt, der eigentliche Anfang Gottes und somit auch der Philosophie, sie ist der Gott an sich, der Urgrund alles Seienden, und insofern muß dann auch die Naturphilosophie mit Schelling als Anfangswissenschaft gesetzt, und die Logik in die Philosophie des subjektiven Geistes verlegt werden.

Hegels Religionsphilosophie untergräbt daher, in ihrer Einseitigkeit festgehalten, seine ganze Philosophie, und es handelt sich darum, ob dieses Ganze oder jener einzelne Theil stehen bleiben soll. Der Kampf zwischen diesem Ganzen und dem einzelnen Theile stellt sich gegenwärtig objektiv dar in dem Kampfe der Jung- und Alt-Hegelianer. Jene haben den sich dem Subjektivismus zuneigenden Geist der Hegelschen Religionsphilosophie zu ihrem Panier erwählt und deren Prinzip auf die ganze Philosophie übertragen, diese halten fest an dem Prinzip der Hegelschen Philosophie überhaupt. Erst wenn eine neue Religionsphilosophie im wahrhaft spekulativen und nicht bloß rationalistischen Geiste durch diesen Kampf herbeigeführt sein wird, erst dann ist derselbe glücklich beendigt und der

Friede im Reiche der Philosophie wiederhergestellt. Nach außen wird der Kampf freilich auch alsdann noch fortdauern, und zwar sowohl gegen die Kirche, als gegen die Aufklärung. „Die Philosophie" sagt schon Hegel in seiner Religionsphilosophie B. 2. S. 286 u. f. „hat zwei Gegensätze. Einerseits der Kirche scheint sie entgegen zu sein, und das hat sie mit der Bildung, mit der Reflexion gemein, daß, indem sie begreift, sie bei der Form der Vorstellung nicht stehen bleibt, sondern sie hat im Gedanken zu begreifen, aber daraus auch die Form der Vorstellung als nothwendig zu erkennen. Aber der Begriff ist dies Höhere, daß er seinen eignen Inhalt hat, auch die unterschiedenen Formen faßt und ihnen Gerechtigkeit wiederfahren läßt. Der zweite Gegensatz ist gegen die Aufklärung, gegen die Gleichgültigkeit des Inhalts, gegen die Meinung, gegen die Verzweiflung des Aufgebens der Wahrheit. —

— Die Aufklärung, diese Eitelkeit des Verstandes, ist die heftigste Gegnerin der Philosophie; sie nimmt es übel, wenn diese die Vernunft in der christlichen Religion aufzeigt, daß das Zeugniß des Geistes der Wahrheit in der Religion niedergelegt ist."

Dritter Brief.

Um nicht von Dir mißverstanden zu werden, muß ich mich über den Vorwurf, den ich Hegel gemacht habe, deutlicher erklären. Er hat in seiner Religionsphilosophie darin gefehlt, daß er sich nur an die Erscheinung gehalten hat, ohne die Ursache derselben genügend hervorzuheben und darzulegen. Der menschliche Geist kann sich nämlich über seinen gewöhnlichen Zustand dadurch hinausheben, daß er sich einem höhern Geiste hingiebt, und dann in denjenigen Zustand geräth, welchen man Begeisterung zu nennen pflegt. Solcher Geist erfüllt den Krieger, der auf den Ruf des Vaterlandes in die Schlacht zieht, den Volksredner, der für die Rechte des Vaterlandes sich erhebt, den Propheten, welcher die Folgen des Abfalls von der wahren Religion schildert und deren beseligende Wirkungen preist, den Philosophen, welcher die Wahrheit verkündigt, den Künstler, der von seinem Gegenstande ergriffen, zu schöpferischer Thätigkeit getrieben wird. Die Alten dachten sich diesen Geist, welcher den Menschen über sich selbst hinausführt und eine höhere Thätigkeit in ihm

anregt, perfönlich, und nannten die Begeifterung das Er=
fülltfein von der Gottheit. Es kann aber in der That
die Begeifterung auch Folge der perfönlichen Einwirkung
fein, es kann der Geift einer Perfon auf eine andere ei=
nen folchen Einfluß ausüben, daß diefe fich felbft ganz
verliert, und nur in jener und für jene lebt. Diefe per=
fönliche Einwirkung kann zunächft eine rein körperliche
fein, wie in krankhaften Zuftänden die des Magnetifeurs.
Eine Mifchung körperlicher und geiftiger Einwirkung ift
der begeifterte Zuftand der Liebenden. Ein rein geiftiges
Verhältniß finden wir endlich in der Freundfchaft und in der
Hingebung an eine höher begabte Perfon. Hier ift der
begeifterte Menfch nicht mehr er felbft, fondern die fremde
Perfönlichkeit ift die treibende Kraft in ihm geworden; von
ihr wird er befeelt und neu geboren. Wenn nun fchon
eine endliche Perfönlichkeit eine folche Wirkung hervorzu=
bringen vermag, wie viel mehr muß die Hingebung an den
göttlichen Geift die heilige Begeifterung erzeugen. In folchem
Zuftande befand Paulus fich, als er ausrief: „Nicht ich
lebe, fondern Chriftus lebt in mir." Wer ganz von dem
Geifte Gottes erfüllt ift, in dem erfcheint dann der unend=
liche Geift felbft, er offenbart fich in ihm, und fo konnte
Chriftus fagen: „Ich und der Vater find eins." „Ift
doch der Vater in mir, und ich in ihm."

Wollte man nun in allen diefen Fällen fagen, der ein=
zelne Menfch fei nur er felbft geblieben, und habe fich nur
zu einem höheren Selbftbewußtfein, zu feinem wahrhaften
Ich erhoben, fo ift dies zwar der Erfcheinung nach rich=
tig, indem die äußere Perfönlichkeit keine andere gewor=
den ift, das innere, geiftige Sein deffelben aber hat fich

verändert, der Mensch ist nicht mehr derselbe, er ist ein ganz anderer geworden. Daß dies nicht bloß eine Selbst- steigerung des menschlichen Geistes ist, sondern eine Erhe- bung desselben über sich selbst durch Einwirkung eines an- dern Geistes, das zeigt sich darin, daß der Mensch wieder in seinen früheren Zustand zurückfällt, sobald die fremde Einwirkung aufhört, und daß er die Begeisterung nicht willführlich ohne solchen Einfluß in sich wieder erzeugen kann. Darum sagt man von Begeisterten; der Geist sei über sie gekommen. Wenn der Mensch daher solche gei- stige Macht, deren Einwirkung er erfahren hat, als hö- heres Wesen verehrt, und selbst als Gottheit anbetet, so kann man dies nicht eine Selbstverehrung, eine Selbst- anbetung nennen, und behaupten, daß er sich selbst ver- göttere. Eine solche Selbstvergötterung tritt erst dann ein, wenn man die Ursache der Erscheinung übersieht, und die Vereinigung zweier Geister, diese höhere Einheit beider, für bloße Einerleiheit hält. Damit geht aber auch die spekulative Aufhebung des Gegensatzes des sub- jektiven und des objektiven Geistes verloren, und es bleibt entweder dieser Gegensatz stehen, oder die Aufhebung geschieht auf bloß abstrakte Weise durch Vernichtung des einen der beiden Momente. Im ersten Fall wird dann die Spekulation für Rationalismus gehalten, im letzten tritt der Rationa- lismus an deren Stelle. Dieser aber unterscheidet sich von der Spekulation wesentlich dadurch, daß er auf der Stufe des Selbstbewußtseins stehen bleibt, und nicht zur Vernunft kommt, welche die Einheit des subjektiven und objektiven Geistes begreift.

Im alten Testament stand Gott als Schöpfer und
Herr der Welt dieser als dem Geschöpf und Knechte
Gottes gegenüber, und nur die Israeliten waren das aus=
erwählte Volk, mit welchem Gott, als Herrscher, in ei=
nem innigeren Verhältnisse stand, indem er einen Bund
mit ihnen schloß, in Folge dessen das ganze Volk, als
priesterliches, sich lediglich dem Dienste Gottes weihte, und
dafür besonderer Wohlthaten und Gnadenbezeugungen ge=
würdigt ward. Der Abfall von Gott aber hob diesen
Bund auf, und auch das jüdische Volk wurde Knecht
Gottes, und zwar nunmehr vorzugsweise, und die Straf=
gerichte traten an die Stelle der Wohlthaten.

Bei den Heiden des Alterthums dagegen wurde die
Welt als Gott verehrt, und die äußere Mannigfaltigkeit
derselben führte zu der Annahme einer Vielheit von Gott=
heiten; da aber der Mensch das Vollkommenste war, was
die Erfahrung ihnen darbot, so stellten sie sich die Götter
auch in menschlicher Weise vor. Das Verhältniß der
Menschen zu den Göttern wurde dem der orientalischen
Fürsten zum Volke nachgebildet, es war ein Verhältniß
nicht der Gerechtigkeit oder gar der Liebe, sondern der
Laune und Willkühr, der Gnade und Ungnade. Kurz,
die Natur und der Mensch, als das Höchste in der Na=
tur, wurden von den Alten als Gottheit verehrt. Die
Griechen aber zeichneten sich vor den übrigen Völkern des
Alterthums dadurch aus, daß sie neben den Naturgöttern
auch geistige Götter verehrten, indem sie die verschiedenen
geistigen Fähigkeiten des Menschen zu besonderen Göttern
erhoben, und so ihren schönen Göttergestalten dadurch erst
wahrhafte Schönheit verliehen, daß sie ihnen einen geisti=

gen Ausbruck gaben. Die äußere Gestaltung der Götter
ging vom künstlerischen Genius aus, und nur insofern
kann man sagen, daß Hesiod und Homer den Griechen
ihre Götter geschaffen haben.

So standen zur Zeit der Erscheinung des Christen=
thums zwei Weltanschauungen einander gegenüber, die
beide die Gottheit auf gleich einseitige Weise erfaßten,
indem die eine die Welt von Gott gänzlich trennte und
ihm abstrakt gegenüber stellte, die andere aber die Welt
allein zur Gottheit erhob; der einen war Gott ein über
der Welt thronender Herrscher, dessen Thron der Himmel
und dessen Fußschemel die gottverlassene Erde war, der
andern waren Himmel und Erde selbst Götter, beide wa=
ren wiederum mit Göttern bevölkert und die Behausung
der höchsten Götter war nur eine Anhöhe der Erde, der
Olymp. Dem Orient war die endliche Welt, als solche
die nichtige, und die Gottheit deshalb das Jenseitige, Eine,
Erhabene, dem Alterthum dagegen war die irdische Welt
das Absolute, und die Gottheit deshalb das Diesseitige,
Mannigfaltige und Schöne.

Diese beiden Weltanschauungen wurden zu einer
neuen, höheren vereinigt im Christenthum, zu welchem sie
beide, als zu ihrem Ziel, hinstrebten. Die Juden wurden
durch ihre Propheten auf die irdische Erscheinung Gottes
im Messias, die Heiden durch ihre Philosophen zu
einer ideelleren Anschauung der Gottheit vorbereitet. „Es
möchte sich beweisen lassen" — sagt Schelling in seinen
im J. 1802. gehaltenen, aus dem Geiste der absoluten
Philosophie hervorgegangenen „Vorlesungen über die Me=
thode des akademischen Studiums" S. 193. — „daß so

weit die historische Kenntniß nur immer zurückgeht, schon
zwei bestimmt verschiedene Ströme von Religion und
Poesie unterscheidbar sind: der eine, welcher schon in der
jüdischen Religion der herrschende, das Intellektualsystem
und den ältesten Idealismus überliefert hat, und der
andre, welcher die realistische Ansicht der Welt in sich
faßte. Jener hat, nachdem er durch den ganzen Orient
geflossen, im Christenthum sein bleibendes Bett gefunden,
und mit dem für sich unfruchtbaren Boden des Occidents
vermischt, die Geburten der späteren Welt erzeugt; der
andre hat in der griechischen Mythologie durch Ergänzung
mit der entgegengesetzten Einheit, dem Idealischen der
Kunst, die höchste Schönheit geboren. Und will man die
Regungen des entgegengesetzten Pols in der griechischen
Bildung für nichts rechnen, die mystischen Elemente einer
abgesonderten Art der Poesie, die Verwerfung der My=
thologie und Verbannung der Dichter durch die Philoso=
phen, vornämlich Plato, der in einer ganz fremden und
entfernten Welt eine Prophezeihung des Christenthums
ist? Aber eben, daß das Christenthum schon außer und
vor demselben existirt hat, beweist die Nothwendigkeit sei=
ner Idee, und daß auch in dieser Beziehung keine abso=
luten Gegensätze existiren." Im Christenthum haben der
Orient und Occident ihre Einseitigkeit abgestreift. Der
Gott des Christenthums ist zwar derselbe Gott, wie im
Judenthum, er ist aber nicht mehr blos der Herrscher
des auserwählten Volkes, sondern der ganzen
Menschheit liebender Vater. Die alte Vorstellung,
welche von dem äußeren Verhältniß des Volkes zum Be=
herrscher hergenommen war, hat hier der des innigeren

und geistigeren Familienverhältnisses weichen müssen.
Gott war nun nicht mehr, als Schöpfer, blos der Herr
der Welt, sondern er wurde als Erzeuger, als Vater der
Welt verehrt. So nun war die Welt auch nicht mehr
die der Macht Gottes unterworfene Schöpfung, und der
Mensch der Knecht Gottes, sondern die Welt war die
Erscheinung des lebendigen Gottes, und als solche gleichen Wesens mit ihm, der ewige Sohn Gottes, der nicht
in einem bloßen Abhängigkeitsverhältniß zum Vater stand,
sondern in einem Verhältniß der Liebe. Die Welt ist
aber deshalb Sohn Gottes und nicht bloßes Geschöpf,
weil sie nicht nur Geist an sich in der Natur, sondern
auch für sich seiender Geist im Menschen ist. Weil aber
im Menschen der Geist zum Bewußtsein seiner selbst
kommt, und weil in Christo der die Natürlichkeit beherr-
schende freie Geist angeschaut und solcher von ihm als
der göttliche Geist offenbart wurde, so ist er der des
Gottesbewußtseins entbehrenden Menschheit gegenüber vorzugsweise der Sohn Gottes, der Gottmensch, der geistige
Adam, der Erstgeborene unter den geistigen Kindern Gottes. „Um aber das Wahre zu wissen," sagt Hegel in
seiner „Geschichte der Philosophie" B. 3. S. 132. „und
damit Alle es wissen können, so muß es an ihn kommen
als ein Gegenstand, nicht für das denkende, philosophisch
ausgebildete Bewußtsein, sondern für das sinnliche noch
in ungebildeter Vorstellungsweise stehende Bewußtsein.
Der Inhalt der Idee also muß dem Menschen offenbar
werden, das ist das Erste, zweitens muß der Mensch fähig sein, daß für ihn diese Wahrheit ist. Wenn der
Mensch aber für das Göttliche empfänglich ist, so muß

für ihn die Identität der göttlichen und menschlichen Na=
tur da sein, und das ist den Menschen auf eine unmittel=
bare, Weise in Christo bewußt geworden. Denn in ihm
ist die göttliche und menschliche Natur an sich eins."
Erst nach seinem Heimgange zum Vater ward es
seinen Jüngern klar, daß es nicht seine vorübergehende,
endliche Persönlichkeit sei, worin seine Göttlichkeit bestan=
den habe, und daß er auch nach seinem Abscheiden unter
ihnen weile, wenn sie seinen Geist unter sich aufnähmen,
und sich zu einem geistigen Leben erhöben, in welchem
der menschliche Geist im Bewußtsein seiner Einheit mit
dem göttlichen Geiste, die Herrschaft über die Natur er=
langt. In diesem Sinn hatte er ihnen gesagt:„ So Zwei
oder Drei in meinem Namen versammelt sind, bin ich mit=
ten unter ihnen." Dieser Geist war es, der über sie am
Pfingstfeste kam, und der nun als der ihnen verkündete
Tröster bei ihnen weilte. Es war der göttliche, der hei=
lige Geist Jesu Christi, der nunmehr in seiner Gemeinde
heimisch wurde, und diese als den lebendigen Leib Gottes
darstellte, deren unsichtbares Haupt Christus ist, als den Leib,
in welchem der Geist Gottes lebt und wirkt. So gelangte das
Christenthum zu der Vorstellung des dreieinigen Gottes, als
des Vaters, des Sohnes, und des heiligen Geistes. Der heilige
Geist ist gegenwärtig in der Gemeinde, es ist derselbe Geist,
welcher ausgeht vom Vater und vom Sohne, und mit beiden
zugleich angebetet und geehrt wird; darum sind der Vater,
der Sohn und der Geist nicht drei Götter oder Persön=
lichkeiten, sondern nur eine Gottheit, aber drei gleichewige
und von einander nicht zu trennende Gestalten oder Per=
sonen (personae, ὑπόστασεις) des einigen Gottes. Weder

die Welt, in ihrer Absonderung von Gott, als natürliche gedacht, d. i. die Welt in ihren endlichen, vorübergehenden Formen, noch Christus seiner zeitlichen Erscheinung nach), ist der Sohn Gottes, sondern das Weltall, als aus Gott geboren, ist der Sohn Gottes von Ewigkeit her, der nur als solcher sich offenbart hat in einer bestimmten Zeit und an einem bestimmten Ort in der Person Jesu Christi. Wenn man nur das Endliche, in der Zeit Entstehende und Vergehende Welt nennt, so ist nur das Ewige und Unendliche, das Bleibende im Vergänglichen der Sohn Gottes, und wird der Welt gegenüber gestellt. Denn Gott ist zwar als Einzelnheit in der Welt, aber nicht das Einzelne derselben. In Beziehung anf das Einzelne ist er Schöpfer, und dieses sein Geschöpf. Diese Schöpfung aber ist keine vergangene, sondern eine fortdauernde und ewige, und in ihrer Totalität eben nicht mehr Schöpfung, sondern Sohn Gottes, und alles einzelne Entstehende ist nur durch den Sohn. In diesem Sinn ist der Sohn dann der ewige, vor der Welt geborene, weil die Welt in ihren einzelnen Gestaltungen die erst in der Zeit werdende ist. So findet sich denn, gleich wie das Judenthum, auch das Heidenthum in höherer verklärter Gestalt im Christenthum wieder. Die Welt ist hier zwar nicht mehr bevölkert mit Gottheiten, sie ist aber auch nicht gottverlassen, sondern die erscheinende Gottheit selbst, und der Mensch ist zwar nicht wie im Heidenthum, das Bild der Gottheit, aber das Abbild derselben, in welchem sie sich ihrem Wesen nach offenbart. Darum konnte Christus sagen: „Wer mich sieht, der sieht den Vater." Der Vater ist nicht zu trennen von dem Sohn,

wie der Schöpfer von der Welt, die ein ihm Aeußerliches
ist, und sein oder auch nicht sein kann, ohne daß er auf=
hört, der Möglichkeit nach, Schöpfer zu sein, der Vater
ist nicht Vater ohne den Sohn, er ist also überhaupt nicht
ohne denselben. Der Geist aber ist in dem Vater und in
dem Sohn und verbindet beide mit einander. Er ist nicht
mehr, wie im Judenthum, der abstrakte Geist, welchem
die Natur, als Endliches, gegenüber steht, sondern der
lebendige Geist. Ohne diese Erkenntniß des Geistes fällt
Gott als Schöpfer und Geschöpf auseinander, und erst
durch dieselbe ist die Offenbarung Gottes, dem Grund=
gedanken nach, vollendet. „Die absolute Substanz"
sagt Hegel in seiner „Geschichte der Philosophie" Band
3. Seite 377., „ist das Wahre, aber sie ist noch
nicht das ganze Wahre; sie muß auch als in sich
thätig, lebendig gedacht werden, und eben dadurch sich
als Geist bestimmen. Die spinozistische Substanz ist die
allgemeine, und so die abstrakte Bestimmung; man kann
sagen, es ist die Grundlage des Geistes, aber nicht als
der absolut unten festbleibende Grund, sondern als die
abstrakte Einheit, die der Geist in sich selbst ist. Wird
nun bei dieser Substanz stehen geblieben, so kommt es zu
keiner Entwicklung, zu keiner Geistigkeit, Thätigkeit.
Seine Philosophie ist nur starre Substanz, noch nicht
Geist; man ist nicht bei sich. Gott ist hier nicht Geist,
weil er nicht der Dreieinige ist." Die Lehre von der
Dreieinigkeit Gottes, ist als Lehre erst durch den Einfluß
der griechischen Philosophie ausgebildet worden, da das
Christenthum überhaupt erst in Griechenland sich zur
Glaubenslehre gestaltete, während ursprünglich mehr seine

praktische Seite hervortrat. Schelling sagt deshalb mit
Recht in seinen „Vorlesungen über die Methode des akade=
mischen Studiums" S. 197.: „Die ersten Bücher der Ge=
schichte und Lehre des Christenthums sind selbst nichts,
als auch eine besondere, noch dazu unvollkommene Er=
scheinung desselben; seine Idee ist nicht in diesen Büchern
zu suchen, deren Werth erst nach dem Maas bestimmt
werden muß, in welchem sie jene ausdrücken und ihr an=
gemessen sind. Schon in dem Geiste des Heidenbekehrers
Paulus ist das Christenthum etwas Anderes geworden,
als es in dem des ersten Stifters war: nicht bei der
einzelnen Zeit sollen wir stehen bleiben, die nur willkühr=
lich angenommen werden kann, sondern seine ganze Ge=
schichte und die Welt, die es geschaffen, vor Augen ha=
ben." Und in Hegels Religionsphilosophie B. 1. S. 155.
heißt es: „Die christliche Religion fängt einerseits von
einer äußerlichen Geschichte an, die geglaubt wird, aber
zugleich hat diese Geschichte eine Bedeutung, sie ist die
Explikation der Natur Gottes. Christus ist also nicht nur
ein Mensch, der dieses Schicksal gehabt hat, sondern er
ist auch der Sohn Gottes. Diese Explikation der Ge=
schichte ist dann das Tiefere, und diesen hat die Dogma=
tik, die Lehre der Kirche hervorgebracht. Damit ist die
Forderung der Innerlichkeit, des Denkens vorhanden."

Die Erkenntniß Gottes, als des Dreieinigen, ist in
neuerer Zeit erst wieder von Hegel und der spekulativen
Theologie als das Wesentliche des Christenthums hervor=
gehoben worden. Dagegen haben die übrigen Theologen,
Rationalisten sowohl als Supranaturalisten, diese Lehre
als etwas Unwesentliches mehr und mehr in den Hinter=

grund gedrängt. Daher ist es denn gekommen, daß das
Christenthum wieder zurückgefallen ist theils in das Ju=
denthum, theils in das Heidenthum. Das Christenthum
unserer sogenannten Rechtgläubigen besteht darin, daß sie
das ganze Gewicht auf Gott als den Vater legen, und
in Christus nur den irdischen Sohn Gottes erkennen, den
heiligen Geist aber als etwas einmal Dagewesenes, nicht
mehr Wirkendes betrachten. Von der fortdauernden Ein=
heit des Vaters, Sohnes und Geistes haben sie keine
Vorstellung. Gegen diese theologische Richtung hat schon
Schelling a. a. O. geeifert. Er sagt daselbst S. 192.
„Von der Idee der Dreieinigkeit ist es klar, daß sie,
nicht spekulativ aufgefaßt, überhaupt ohne Sinn ist. Die
Menschwerdung Gottes in Christo deuten die Theologen
ebenso empirisch, nämlich daß Gott in einem bestimmten
Moment der Zeit menschliche Natur angenommen habe,
wobei schlechterdings nichts zu denken sein kann, da Gott
ewig außer aller Zeit ist. Die Menschwerdung Gottes
ist also eine Menschwerdung von Ewigkeit. Der Mensch
Christus ist in der Erscheinung nur der Gipfel und inso=
fern auch wieder der Anfang derselben, denn von ihm
aus sollte sie dadurch sich fortsetzen, daß alle seine Nach=
folger Glieder eines und desselben Leibes wären, von dem
er das Haupt ist.“ Schelling behauptet ferner S. 195.
daß die historische Construktion des Christenthums, wegen
der Universalität seiner Idee nicht ohne die religiöse
Construktion der ganzen Geschichte gedacht werden könne.
„Eine solche Construktion,“ fährt er dann fort, „ist schon
an sich selbst nur der höheren Erkenntnißart möglich,
welche sich über die empirische Verkettung der Dinge er=

hebt; sie ist also nicht ohne Philosophie, welche das wahre
Organ der Theologie als Wissenschaft ist, worin die höch=
sten Ideen von dem göttlichen Wesen, der Natur als dem
Werkzeug, und der Geschichte als der Offenbarung Got=
tes objektiv werden." „Man sollte denken," sagt er
S. 198., „die christlichen Religionslehrer müßten es der
späteren Zeit Dank wissen, daß sie aus dem dürftigen
Inhalt der ersten Religionsbücher so viel spekulativen
Stoff gezogen, und diesen zu einem System ausgebildet
haben. Bequemer mag es freilich sein, von dem schola=
stischen Wust der alten Dogmatifer zu reden, dagegen
populäre Dogmatiken zu schreiben und sich mit der Syl=
benstecherei und Worterklärung zu beschäftigen, als das
Christenthum und seine Lehren in universeller Beziehung
zu fassen." Weil nun aber diese Theologen die Philoso=
phie vernachlässigt und deshalb die Lehre von der Drei=
einigkeit nicht begriffen haben, so ist ihnen auch wieder
die Welt als von Gott absolut getrennt und verlassen
erschienen, als die natürliche und sündhafte, so daß es
für sie einer neuen Vermittlung zwischen Gott und den
Menschen bedürfte, die sie, als geweihte Priester, nicht
ungern selbst übernehmen möchten. Sie würden dann
eine ähnliche Stellung einnehmen, wie die Priester des
Alterthums, eine Stellung, welche bisher nur noch die
katholischen Priester eingenommen haben.

Diesem judaisirenden Christenthum gegenüber hat sich
ein paganisirendes erhoben, welches das ganze Gewicht
auf Gott als Sohn legt. Es ist das Christenthum der
Junghegelianer, wenn diese sich auch nicht mehr Christen
nennen wollen. Sie sehen ab sowohl von Gott dem Va=

er, als von Christo, seiner irdischen Erscheinung nach, und betrachten den Menschen überhaupt, der sich von seiner Natürlichkeit befreit, als das Höchste, die Materie aber, aus welcher er sich, als aus seinem Ursein erhebt, als das Ursprüngliche, Ewige. Ihnen ist wiederum, wie den Alten, die Natur die Gottheit. Die Natur aber zerfällt Ihnen nicht in viele Götter, sondern die Totalität derselben ist ihr Gott, es ist ein großer Organismus, dessen Blüthe der menschliche Geist ist. Dieser ist das eigentlich Göttliche, als freier Geist, wie er in dem einzelnen Menschen zur Erscheinung kommt.

Es ist nicht in Abrede zu stellen, daß diese Ansicht der Junghegelianer, wiewohl sie noch mit einem Fuß im Christenthum steht, eben so viel Bedenkliches hat, als die der sogenannten Rechtgläubigen. Denn führt diese uns geradesweges in den Schooß der alleinseligmachenden Kirche und unter das Joch dem Priesterthums zurück, und dann weiter zur Unterordnung des Staates unter die Kirche, so führt die junghegelsche Lehre zur abstrakten Vergötterung des Menschen, demnach zur Aufhebung der Religion, und damit zum Austritt aus jeglicher religiösen Gemeinschaft. Dem Christenthum aber können sie doch nicht entfliehen, so lange sie nicht auch aus dem Staate austreten, weil hier überall in der Wissenschaft, wie im Leben der Familie und der bürgerlichen Gesellschaft, im Recht und in der Kunst, der Geist des Christenthums ihnen entgegentritt und sie in demselben leben, weben und sind. Denn das Christenthum ist nicht bloß Religion, es ist christlicher Geist, Geist der Liebe und Versöhnung überhaupt, welcher alle geistige Gebiete durchdringt und neu-

belebt. Dieses Christenthum erkennen sie nicht, weil sie
sich an die durch die Kirche des Mittelalters verunstaltete,
zu Herrscherzwecken mißbrauchte, und von unsern Prie=
stern noch nicht aufgegebene Form desselben halten.
Die Theorie der Junghegelianer setzt an die Stelle
der Lehre von der Einheit des göttlichen und menschlichen
Geistes, die der bloßen Einerleiheit beider. Statt eines
lebendigen und geistigen Gottes haben sie nur eine natür=
liche und geschichtliche Entwicklung, die in einzelnen In=
dividuen zum Bewußtsein über sich selbst kommt. Die
Folge davon ist der Kultus des Genius und die Läugnung
der Vorsehung in der Weltgeschichte. Der historische Chri=
stus verwandelt sich in einen bloß mythischen, in welchem
die Idee des freien Selbstbewußtseins für die Vorstellung
personifizirt ist, ja diese Idee hat nicht allmählig ihre Aus=
bildung erhalten, sondern durch den künstlerischen Geist
eines Einzelnen Gestalt gewonnen. Der Künstler ist
Schöpfer der Religion, er macht dem Volke seine Gott=
heit, indem er das Ideal zur Erscheinung bringt und da=
mit das als Anderes herausstellt, was bisher, als sein
wahres Selbst von ihm nicht unterschieden war. Dieses
höhere Selbst, steht nun verkörpert als Vorbild da, und
wird Gegenstand der Anbetung. Erhebt der Geist sich
über dieses Ideal, so tritt der Zweifel ein, die Religion
wird Gegenstand der Kritik und des Witzes, bis es dem
schöpferischen Genius gelingt, einem höheren Ideal Ge=
stalt zu geben, und damit eine neue Religion zu stiften.
Eine Fortdauer des menschlichen Geistes nach dem
Tode giebt es nicht, weil das Individuum für sich nichts
ist, und nur als ein Versuch der Natur erscheint, das

freie Selbstbewußtsein zu verwirklichen. Der Mensch ist daher auch nur auf das irdische Leben, auf das Leben im Staate angewiesen, für die Verwirklichung der Freiheit in diesem hat er sich zu begeistern, und diese politische Begeisterung muß gegenwärtig an die Stelle der Religion treten.

Diese und andere Folgerungen sind denn auch bereits von den Junghegelianern gezogen und durchgeführt worden. Ich habe dieselben zwar an sich bedenklich genannt, unter den obwaltenden Umständen halte ich sie aber nicht für gefährlich. Denn der Deutsche ist so gutmüthiger und beschaulicher Natur, daß er selbst dann, wenn er sich für den lieben Gott hält, noch Furcht vor der Polizei und vor Gespenstern hat. Im Gegentheil halte ich diese Richtung für förderlich, um dem Deutschen einiges Selbstgefühl, und, wenn es möglich ist, Thatkraft zu geben. Es scheint wirklich, daß dieser sich erst zum Gott aufschrauben muß, um zu ahnen, daß er nicht bloß essen, trinken und träumen, sondern auch handeln kann. Ich glaube aber dennoch, er wird es bei dieser Reflexion bewenden lassen, und diese selbst schon für die That nehmen. Man gestatte ihm, Luftschlösser nach Herzenslust aufzuführen, und er wird vor Staunen ob seiner kühnen Schöpfungen in sich selbst anbetend versinken. Es ist traurig, daß man ihm diese unschuldige Freude mißgönnt, und ihm mit dem rauhen Besen der Polizei und Censur seine Spinnengewebe zerstört. Vielleicht aber sollten wir uns darüber freuen, denn diese Zerstörung seiner Luftschlösser, diese Hemmung seiner genialen Unternehmungen ärgert ihn, Ärger ist eine Leidenschaft, und Leidenschaft ist die nächste

Vorstufe zur That. Wir müssen uns also bei den Regie-
rungen für die Ausbildung des deutschen Charakters be-
danken und inständigst darum bitten, den bau= oder zer=
störungsluftigen Philosophen keine Ruhe in ihrem Trei=
ben zu gönnen. Dann erst wird sich die Aufmerksamkeit
auf sie lenken, sie werden als Märtyrer erscheinen, es
werden mitleidige Seelen geweckt werden, diese werden
den widerwärtigen Besen auch bei andern Gelegenheiten
bemerken, und alsdann wie ein Mann sich erheben und
darauf antragen — o nein! — höherer Erwägung an=
heimstellen, ob es nicht den Umständen und Zeitverhält=
nissen angemessener sein möchte, den Besen — in einen
Handfeger zu verwandeln.

Also Gefahr ist nicht vorhanden, so lange man die
Junghegelianer in ihrem Treiben nicht stört, noch weniger,
wenn man gar ihnen Schutz und Beförderung gewährt.
Und solche Beförderung verdienen sie, wie mir scheint,
vorzüglich wegen ihrer Leistungen nach der negativen Seite
hin. Denn als Kritiker arbeiten sie der wahren Wissen=
schaft vor, durch Hinwegräumung der ihr noch entgegen=
stehenden Hindernisse. „Kein Schade" sagt Göthe „ge=
schieht den heiligen Schriften, so wenig als jeder andern
Überlieferung, wenn wir sie mit kritischem Sinne behan=
deln, wenn wir aufdecken, worin sie sich wiederspricht,
und wie oft das Ursprüngliche, Bessere, durch nachherige
Zusätze, Einschaltungen und Accommodationen verdeckt,
ja entstellt worden. Der innerliche, eigentliche Ur= und
Grundwerth geht nur desto lebhafter und reiner hervor,
und dieser ist es auch, nach welchem Jedermann, bewußt
oder bewußtlos, hinblickt, hingreift, sich daran erbaut und

alles Übrige, wo nicht wegwirft, doch fallen oder auf sich beruhen läßt."

„Der Geist der neuern Zeit," bemerkt Schelling a. a. O. S. 200 „geht mit sichtbarer Consequenz auf Vernichtung aller bloß endlichen Formen, und es ist Religion, ihn auch hierin zu erkennen." Von diesem Gesichtspunkte aus sind die Kritiker wichtige Werkzeuge zur Herausbildung des wahrhaft Positiven in der Theologie. „Das Esoterische" sagt Schelling a. a. O. S. 208 „muß hervortreten und von seiner Hülle befreit, für sich leuchten. Der ewig lebendige Geist aller Bildung und Erschaffung wird es in neue und dauerndere Formen kleiden, da es an dem dem Idealen entgegengesetzten Stoff nicht fehlt, der Occident und Orient sich in einer und derselben Bildung nahe gerückt sind, und überall, wo Entgegengesetzte sich berühren, neues Leben entzündet wird. Der Geist der neueren Welt hat in der Schonungslosigkeit, womit er auch die schönsten aber endlichen Formen, nach Zurückziehung ihres Lebensprinzips, in sich zerfallen ließ, hinlänglich seine Absicht offenbart, das Unendliche in ewig neuen Formen zu gebähren. Daß er das Christenthum nicht als einzelne empirische Erscheinung, sondern als jene ewige Idee selbst wolle, hat er eben so klar bezeugt." Die Junghegelianer haben ferner das Verdienst, daß sie die Priesterherrschaft bekämpfen. Denn wenn dieselben auch darin zu weit gehen, daß sie jede religiöse Gemeinschaft zurückweisen, so haben sie doch in so fern Recht, als sie der Kirche entsagen, welche sich über den Staat erheben und die Denkfreiheit unterdrücken will, und welche überhaupt etwas Anderes sein will, als eine religiöse Gemeinschaft.

Soll man aber, wirst du fragen, den junghegelschen Theologen auch den Unterricht der Jugend anvertrauen, soll man sie zu akademischen Lehrämtern gelangen lassen? Auch darüber will ich Dir meine Meinung nicht vorenthalten.

Die Wissenschaft ist etwas der ganzen Menschheit Angehöriges, über den einzelnen Staat Hinausgehendes; dieser darf sich daher über dieselbe kein Urtheil anmaßen, und ihr irgend eine Gränze setzen wollen. Die Schule aber, und zu dieser gehört auch die Universität, hat einen praktischen Zweck, die Ausbildung nämlich für einen bestimmten Lebensberuf. Die Beförderung der Wissenschaft überhaupt, ohne solche praktische Richtung, ist lediglich Sache der Akademie. Wenn nun die Universität ihren Zweck nicht verfehlen und zur Akademie werden, und wenn sie ihren Schülern die erforderliche Richtung geben, und diese zu einem bestimmten Lebensberuf vorbereiten will, so muß sie mit dem Leben in steter Verbindung bleiben. Dies ist aber nur dann möglich, wenn die Lehrer nicht bloße Theoretiker sind. Die neueren theoretischen Abschweifungen der Universitätslehrer sind großentheils dadurch herbeigeführt worden, daß ihnen das Leben und der Beruf, zu welchem sie ihre Schüler anleiten sollten, gänzlich fremd geblieben waren. Man bringe daher Lehre und Leben wieder in nähere Berührung, und der gute Erfolg wird nicht ausbleiben. Wenn von den Predigern mehr philosophische Bildung und von den gelehrten Theologen eine mehrjährige praktische Ausbildung gefordert wird, wenn man also sowohl den Predigern als den theologischen Universitätslehrern zugleich eine philosophische und praktische Bildung als Bedingung der Ausübung ihres Amtes stellt, so werden die Kirchen aufhören von den Gebildeten gemieden zu werden, und die Einheit des religiösen Bewußtseins der kirchlichen Gemeinden und der Universitätslehrer wird sich wiederherstellen. Denn es ist die wesentliche Aufgabe der Theologen das Volksbewußtsein mit der Wissenschaft zu vermitteln, indem sie das Volksbewußtsein in die Form der Wissenschaft erheben, und die reinere Erkenntniß der Wissenschaft wiederum dem Volksbewußtsein zuführen. Ergreift man diese Maaßregel nicht, so wird der Zwiespalt zwischen Leben und Lehre täglich größer werden, die Volksreligion wird eine immer trübere Gestalt annehmen, und die Stubentheologen werden in immer sonderbarere Theorien verfallen. Sie gleichen den in dumpfen Räumen verkrüppelten Pflanzen. Gebt ihnen Luft und Licht, und einen kräftigen Boden, und sie werden frisch und naturgemäß emporwachsen, und herrliche Blüthen und Früchte tragen!

Inzwischen steht es dem Staate keinesweges zu, auf andere Weise eine einzelne theoretische Richtung vom Lehrstuhle auszuschließen, selbst aus dem Grunde nicht, weil solche für unchristlich gehalten wird. Denn wenn selbst die Mehrzahl der Theologen die Unchristlichkeit einer Lehre behaupten sollte, so ist dies doch für ihn nicht als entscheidend zu betrachten, weil die Wahrheit nicht durch Stimmenmehrheit festgestellt werden kann. Die Erfahrung hat gerade im Gegentheil gelehrt, daß die Wahrheit sich bei der Minderzahl zu befinden pflegt. Übrigens ist es für deren freie Entwicklung wohlthätiger, wenn eine einmal vorhandene einseitige Richtung sich geltend macht, als wenn dieselbe, und mit ihr das, was wahr an ihr ist, unterdrückt wird. Die Wissenschaft scheidet den Irrthum aus, und die Wahrheit steht um so heller wieder da. Andre Maaßregeln, als solche, welche der Wissenschaft selbst zu Gebote stehen, können der freien Forschung nur schaden und diese zurückhalten. Wer daher Wahrheit und Recht liebt, wird auch unbedingte Lehrfreiheit für jede Richtung fordern, die nicht in unerlaubte Sekten=stiftung ausartet. Solche aber ist nach preußischen Lan=desgesetzen (§. 223 Tit. 20 Th. II. A. L. R.) nur dann vorhanden, wenn Jemand aus Unwissenheit oder Schwärmerei sich zum Stifter einer Sekte aufwirft, deren Lehrsätze die Ehrfurcht gegen die Gottheit, den Ge=horsam gegen die Gesetze, oder die Treue gegen den Staat offenbar angreifen, oder das Volk zu Lastern ge=radezu verleiten. Polizeiliche Maaßregeln gegen solche Sektenstiftung sind nur insofern gerechtfertigt, als sie sich keine Entscheidung in der Sache anmaßen, sondern die=selbe der richterlichen Untersuchung überweisen. Freilich können, nach der Cabinetsorder vom 17ten Dezember 1805 in Verbindung mit dem Rescript vom 24sten No=vember 1809 und der Cabinetsorder vom 3ten November 1817, Geistliche und öffentliche Lehrer „aus Gründen der Kirchenzucht, oder sonst wegen unanständigen Wandels und nachlässigen Benehmens in ihrem Amte" sogar gegen ein absolutorisches Erkenntniß vom Cultusminister entsetzt werden. Allein, nach §. 55 Tit. 11 Th. II. A. L. R. kann „wegen bloßer von dem gemeinen Glaubensbekenntniß

abweichender Meinungen" die Kirchenzucht nicht eintreten,
sondern, nach §. 54. daſ., nur gegen solche Mitglieder, die
„durch öffentliche Handlungen eine Verachtung des Got=
tesdienstes und der Religionsgebräuche zu erkennen geben,
oder Andere in ihrer Andacht stören". Selbst der Miß=
brauch der Lehrfreiheit zur Sektenstiftung kann daher
keinen gesetzlichen Grund zur Entsetzung eines Lehrers
durch bloße Verfügung des Cultusministers abgeben.

Was aber die Furcht betrifft, daß dem angehenden
Theologen aus der Lehrfreiheit Schaden erwachsen könne,
so beruht solche auf einer falschen Ansicht von dem theo=
logischen Studium. „Ein Theologus" sagt Schleierma=
cher „wird nicht anders reif denn durch Zweifel und An=
fechtung; das ist ein altes wahres und herrliches Wort.
Die Zweifel entstehen in einer von dem Ganzen der je=
desmaligen wissenschaftlichen Forschung mitbewegten Theo=
logie, wie Gott sei Dank unsere protestantische immer
sein und bleiben muß, doch von selbst, und daher ist nichts
wünschenswerther, als daß eine jede Ansicht vorgetragen,
und zwar der theologischen Jugend gerade in jenen Jah=
ren der lebendigsten Erregung mit aller Schärfe und
Strenge, deren sie fähig ist, vorgetragen werde, so es nur
ernsthaft und treu von ernsten, gewissenhaften und wahr=
heitsliebenden Männern geschieht. Leichtsinnige Frevler
und ungründliche Wortkrämer aber sollten freilich auf
keinen akademischen Lehrstuhl auch nicht einer profanen
Wissenschaft gestellt werden, wie sie denn auch selten
lange darauf gedeihen; und so möge es auch den theolo=
gischen dieses Gelichters ergehen, mögen sie nun orthodor

sein oder heterodor; denn es giebt deren von beider Art.
Das sind freilich allbekannte und oft gesagte
Wahrheiten, es scheint aber jetzt mehr als je
nothwendig, daß sie recht oft und schlicht wie=
derholt werden." Jede Beschränkung der Lehrfreiheit in der Theologie
kann nur aus dem Irrthum oder dem falschen Vorgeben
herrühren, daß die Kritik die Religion selbst anzugreifen
vermöge. Diese ist ein eherner Fels, an dem die Wogen
menschlicher Meinungen wie Schaum zerstieben, weil sie
eine geistige Thatsache ist, deren Gewißheit sich nicht er=
schüttern läßt.

Was aber die äußerlichen Thatsachen betrifft, an
welche die Religionslehren sich knüpfen, so sind diese frei=
lich nur insoweit unerschütterlich und ewig, als ihnen eine
ewige Idee zum Grunde liegt, und sie, vermöge dieser,
an der Vernunft selbst ihren Halt finden. Der Geist
giebt Zeugniß dem Geiste, was aber vor dem Geist sich
nicht rechtfertigt, das steht nur so lange fest, als kein be=
gründeter Zweifel sich dagegen erhebt. Dieser ist jedoch
überall möglich und zulässig, wo eine Thatsache ihre Ge=
währ lediglich in der Zuversicht zu der Glaubwürdigkeit
der Berichterstatter findet. Was der Geschichte angehört,
kann sich auch der Kritik nicht entziehen.

Die Religionslehre endlich, die Dogmatik, ist nichts
weiter, als die zeitliche Auffassung des Verhältnisses des
Menschen zu Gott, es ist also nur die in den Vorstellun=
gen der Zeit sich bewegende Religionslehre, und nicht die
Religion selbst. Ist ihr Kern auch die Wahrheit, so ist

dies doch nur die Wahrheit in der endlichen Form der Meinung, und es ist die Aufgabe der Wissenschaft, sie, vermöge der Kritik, von dieser Endlichkeit zu befreien, und sie immer heller und glänzender in der ihr angemessenen ewigen Form des Gedankens hervortreten zu lassen.